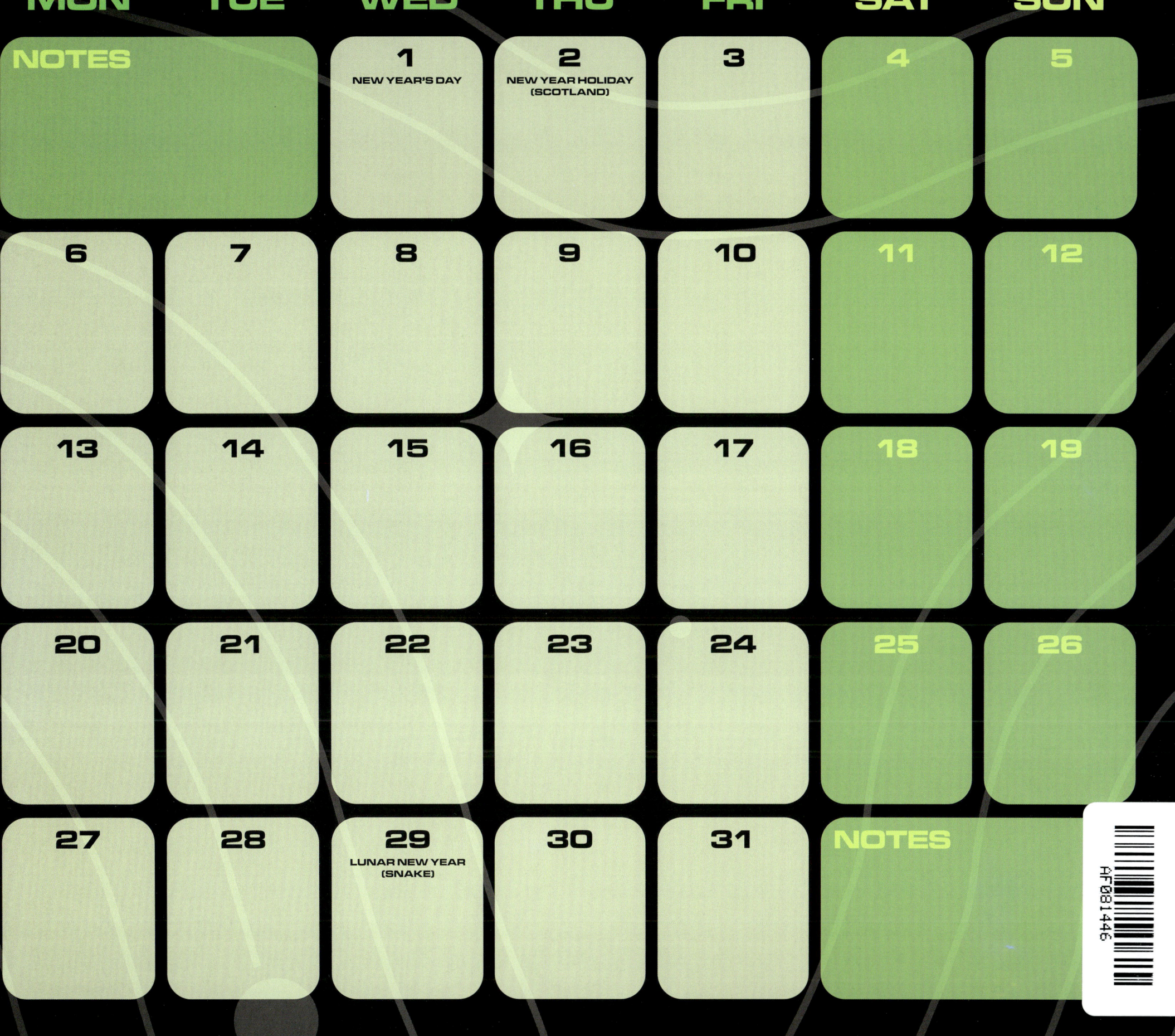

Rick and Morty™

FOREVER AND EVER

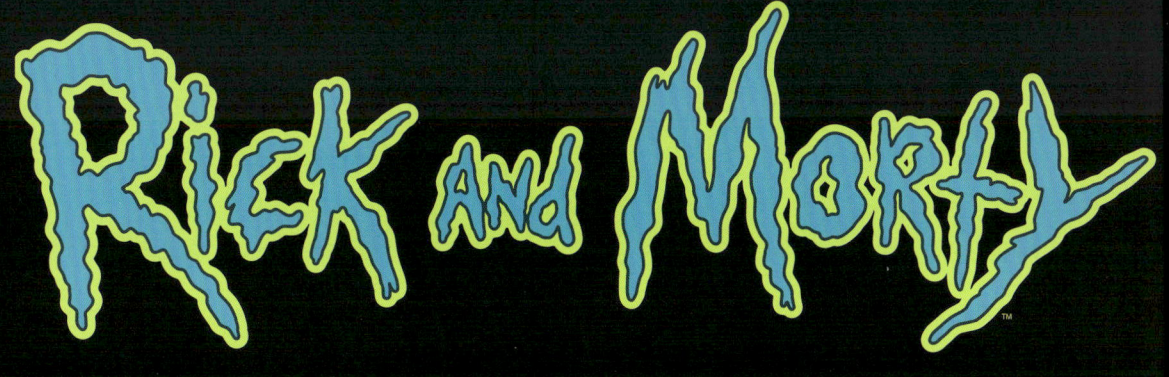

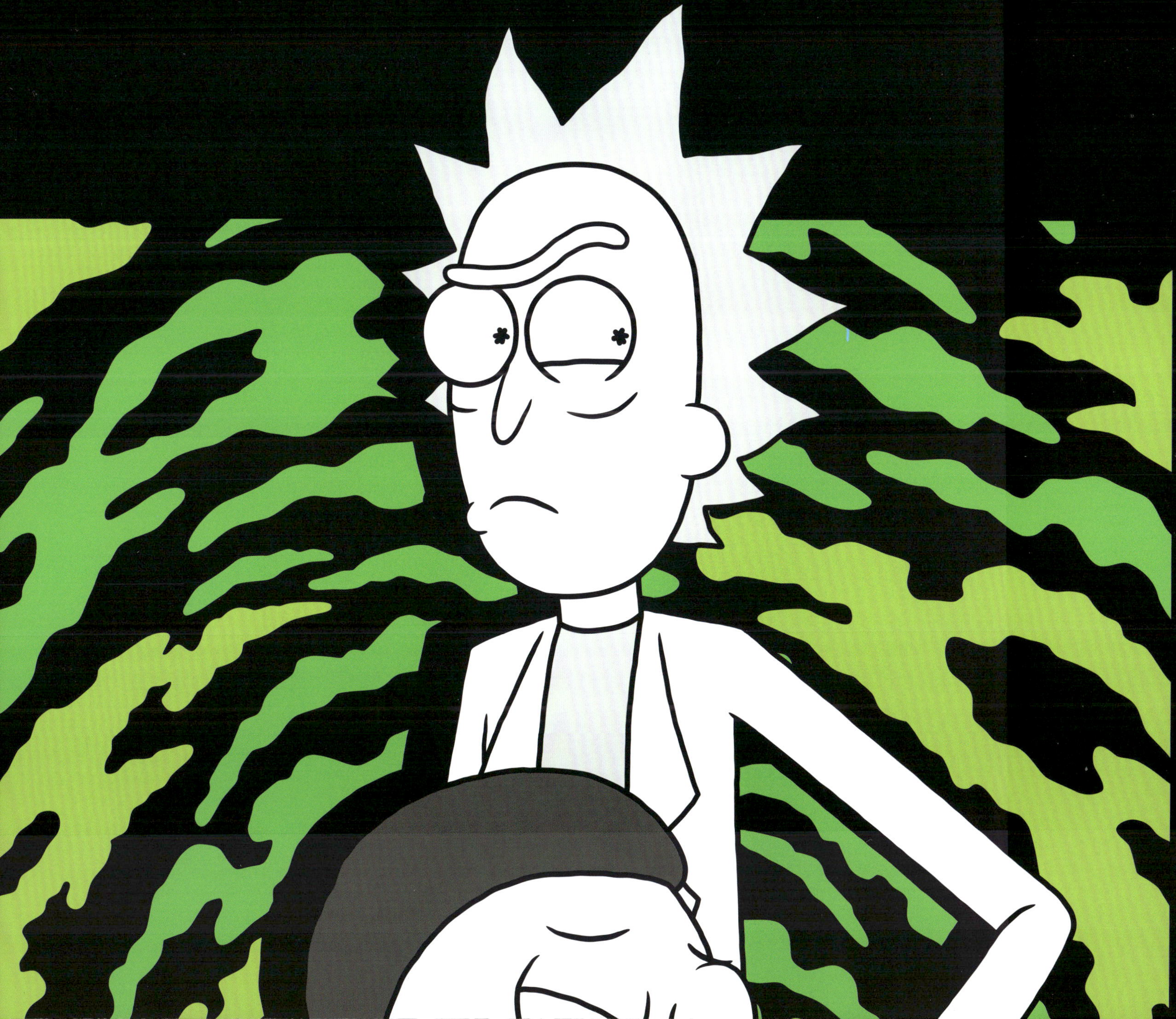

MON	TUE	WED	THU	FRI	SAT	SUN
NOTES						1
2	3	4	5	6	7	8
9	10	11	12	13	14	15 FATHER'S DAY (UK)
16	17	18	19	20	21	22
23	24	25 ISLAMIC NEW YEAR BEGINS	26	27	28	29
30						

JUNE

2025

RICK IS
_____

"I'M A LEG!"

RICK AND MORTY SHOW

MON	TUE	WED	THU	FRI	SAT	SUN
NOTES			1	2	3	4
5 **EARLY MAY BANK HOLIDAY**	6	7	8	9	10	11
12	13	14	15	16	17	18
19	20	21	22	23	24	25
26 **SPRING BANK HOLIDAY**	27	28	29	30	31	NOTES

MAY

2025

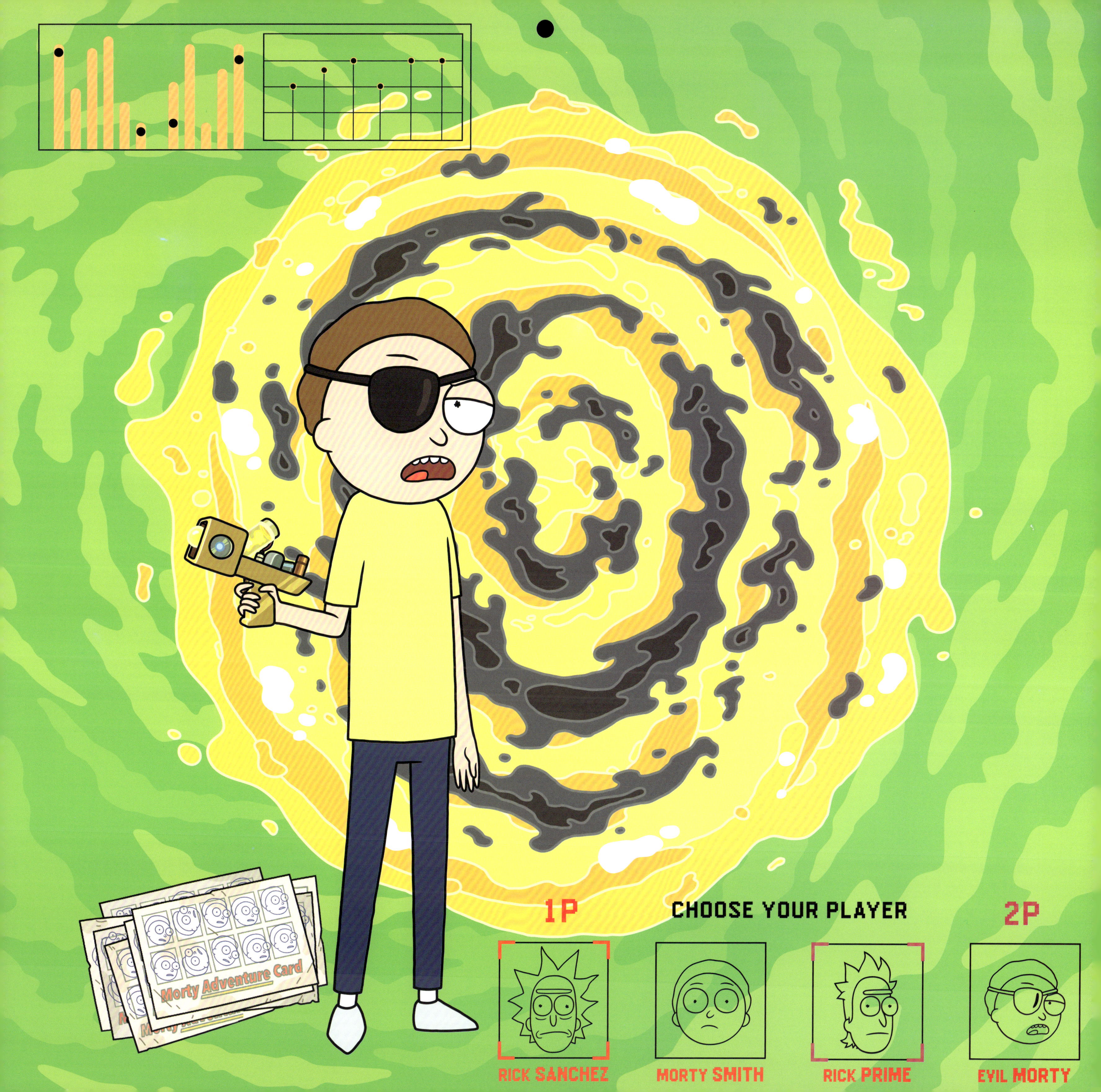
Morty Adventure Card
1P
CHOOSE YOUR PLAYER
2P
RICK SANCHEZ
MORTY SMITH
RICK PRIME
EVIL MORTY

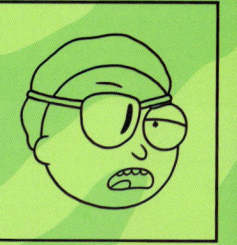

MON	TUE	WED	THU	FRI	SAT	SUN
NOTES					**1** ST. DAVID'S DAY	**2**
3	**4** SHROVE TUESDAY	**5**	**6**	**7**	**8** INTERNATIONAL WOMEN'S DAY	**9**
10	**11**	**12**	**13**	**14**	**15**	**16**
17 ST. PATRICK'S DAY	**18**	**19**	**20**	**21**	**22**	**23**
24	**25**	**26**	**27**	**28**	**29**	**30** MOTHER'S DAY (UK) & DAYLIGHT SAVING TIME STARTS
31						

MARCH 2025

MON	TUE	WED	THU	FRI	SAT	SUN
NOTES					**1**	**2**
3	**4**	**5**	**6**	**7**	**8**	**9**
10	**11**	**12**	**13**	**14** VALENTINE'S DAY	**15**	**16**
17	**18**	**19**	**20**	**21**	**22**	**23**
24	**25**	**26**	**27**	**28** RAMADAN BEGINS	**NOTES**	

FEBRUARY 2025

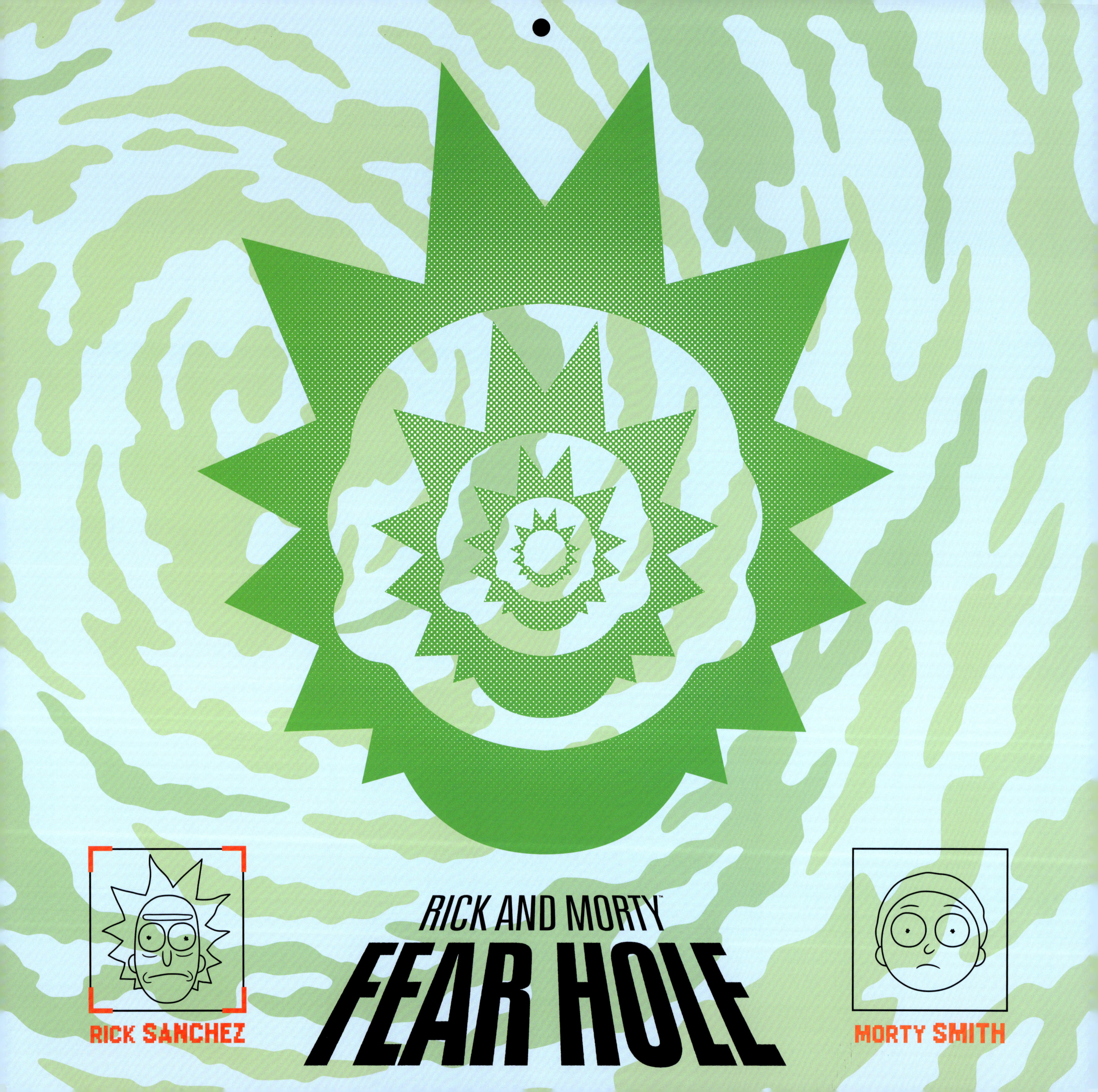

RICK SANCHEZ

RICK AND MORTY
FEAR HOLE

MORTY SMITH

MON	TUE	WED	THU	FRI	SAT	SUN
NOTES				**1**	**2**	**3**
4 SUMMER BANK HOLIDAY (SCOTLAND)	**5**	**6**	**7**	**8**	**9**	**10**
11	**12**	**13**	**14**	**15**	**16**	**17**
18	**19**	**20**	**21**	**22**	**23**	**24**
25 SUMMER BANK HOLIDAY (ENG, NIR, WAL)	**26**	**27**	**28**	**29**	**30**	**31**

AUGUST 2025

1	**2**	**3**	**4**	**5**	**6**	**7**
8	**9**	**10**	**11**	**12**	**13**	**14**
15	**16**	**17**	**18**	**19**	**20**	**21** INTERNATIONAL DAY OF PEACE (UNITED NATIONS)
22 ROSH HASHANAH (JEWISH NEW YEAR) BEGINS	**23**	**24**	**25**	**26**	**27**	**28**
29	**30**	**NOTES**				

SEPTEMBER 2025

MON	TUE	WED	THU	FRI	SAT	SUN
NOTES		**1** YOM KIPPUR BEGINS	**2**	**3**	**4**	**5**
6	**7**	**8**	**9**	**10** WORLD MENTAL HEALTH DAY	**11**	**12**
13	**14**	**15**	**16**	**17**	**18**	**19**
20 DIWALI	**21**	**22**	**23**	**24**	**25**	**26** DAYLIGHT SAVING TIME ENDS
27	**28**	**29**	**30**	**31** HALLOWEEN	**NOTES**	

OCTOBER

2025

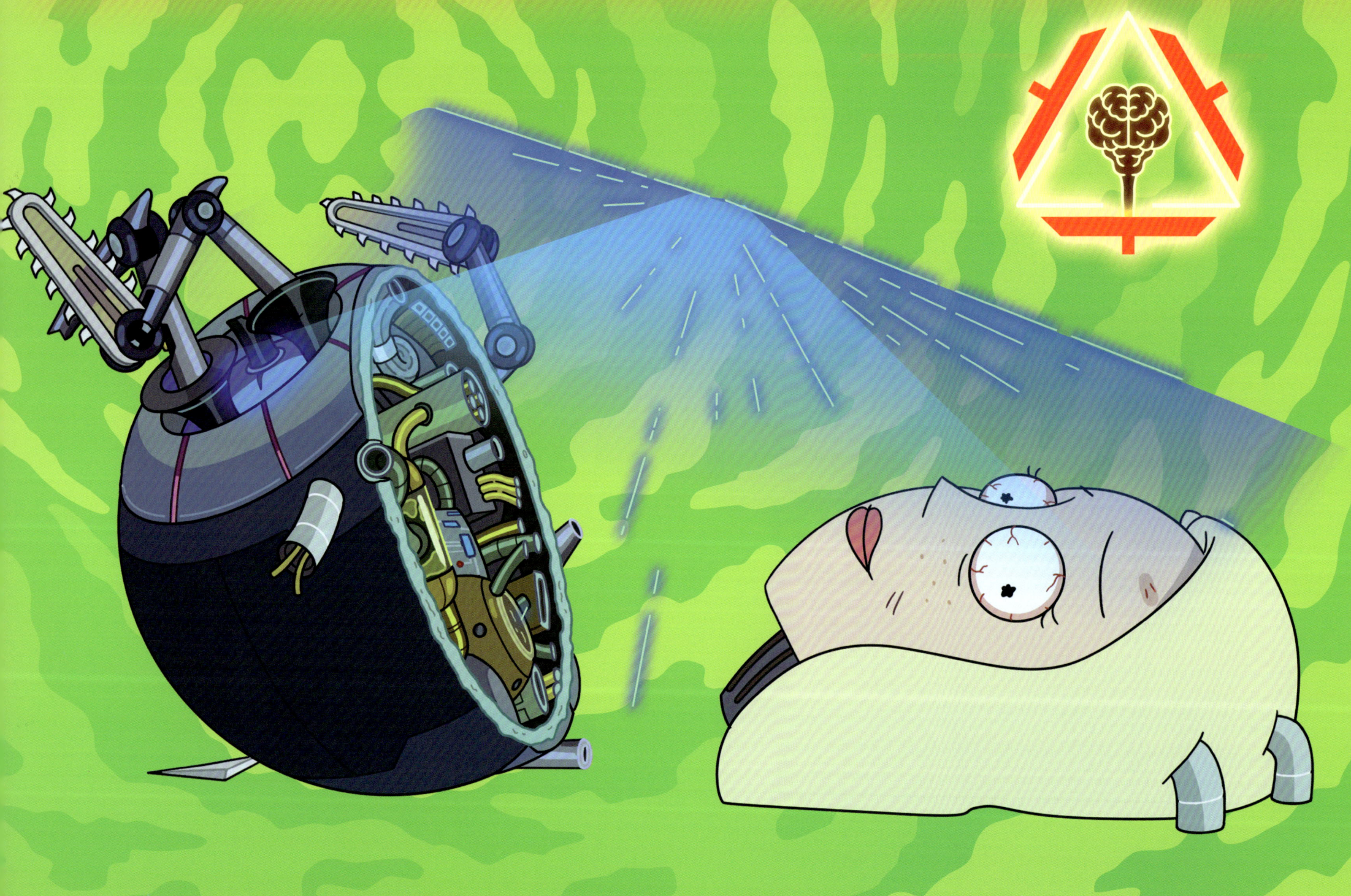

MON	TUE	WED	THU	FRI	SAT	SUN
NOTES					1	2
3	4	5 GUY FAWKES NIGHT	6	7	8	9 REMEMBRANCE SUNDAY
10	11	12	13	14	15	16
17	18	19	20	21	22	23
24	25	26	27	28	29	30 ST. ANDREW'S DAY

NOVEMBER 2025

MULTIVERSE
MATCH FOUND

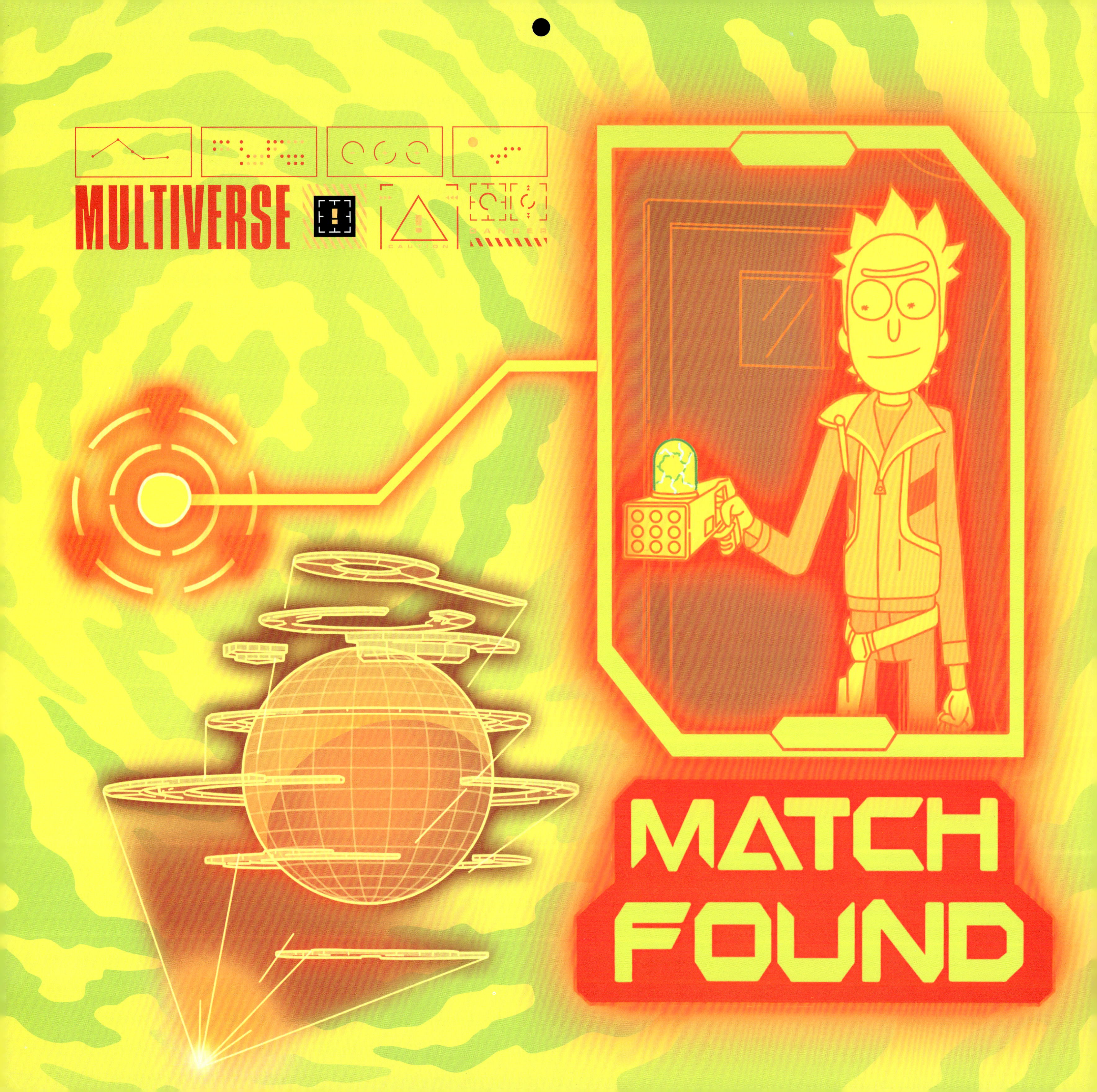

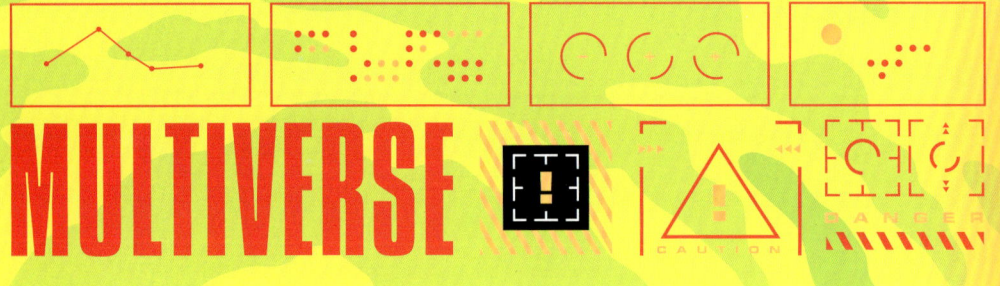